창문을 등에 지고

류준식 제4시조집

인지
생략

들꽃시선 106
창문을 등에 지고

지은이/류준식
펴낸이/문창길
초판인쇄/2009년 4월 25일
초판펴냄/2009년 4월 30일
펴낸곳/도서출판 들꽃
주 소/100-273 서울 중구 필동3가 28-1 서울캐피탈빌딩 B202호
전 화/02)2267-6833, 2273-1506
팩 스/02)2268-7067
출판등록/제5-313호(1992. 5. 15)
E-mail:dlkot108@hanmail.net

값 8,000원
* 파본된 책은 바꾸어 드립니다.

ISBN 978-89-6143-132-3 04810
ISBN 978-89-951327-0-8(세트)

들꽃시선 106

창문을 등에 지고

류준식 제4시조집

들꽃

| 서시 |

허기진 시심詩心

허기진 사념이사
무성한 잡풀처럼
사악한 마음 따라 걸태질 일삼더니

설익은
시심 두어 알
고개 내민 꼴인가.

한 줌 흙 될까 말까,
이 한 몸 어디 둘까,
분별없는 바람 따라 숱한 날 방황터니

해설피
붓방아 찧는
무정 느린 시심이여.

2009 봄날에

류준식

창문을 등에 지고

차례

제1부 사모곡

제2부 금낭화

제3부 인도의 눈빛

창문을 등에 지고

제4부 수석의 변

제5부 회한의 덫

제 1 부

사모곡

사모곡

곡기마저 자르고서
갓길로 빗긴 여정

시들은 꽃잎 지듯
넋만이 남은 자리

쏟은 정 깊이로 새겨
수직으로 내린다.

달빛마저 기우는
무정한 세월 저 편

문풍지 울다 지쳐
소로시 잠이 들고

눈물로 그려진 악보
불러보는 사모곡.

모정

하늘 정
땅엣 정에
명치끝이 시려운 밤

바람 한 잎
빛을 내어
세월강 거스르면

그 꿈길
만난 그리움
정화수로 타오른다.

봉선화는 피고 지는데

무얼 그리
보십니까,
봉선화는 피고 지는데

초점 잃은
마른 눈빛
사각에 기대어서

파동은
일다 지는가,
생로병사 인간사.

감꼭지

주린 배 그 허갈 초근목피로 채운 시절
성한 몸 야위도록 제 살 녹여 빨렸거늘
버려진
빈 꼭지 하나
제 홀로 구르네.

소태보다 더한 쓰림 저 홀로 감당하고
조청보다 더한 단물 짜 먹인 시절인데
헐헐한
빈 가슴 안고
개천을 구르는가.

어머니 가시는 길

간밤에 내린 무서리 녹을 줄 모르는데
늦비로 젖은 옷자락 마를 줄 모르는데
마른 풀
뜯기운 자리
생채기가 붉네요.

걸어가도 먼 길인데 누워가자 하시나요.
뛰어가도 서러운데 제자리만 맴도시네.
새처럼
구름처럼
그렇게 날으소서.

어머니 그리워

구름 저편
해지는 갯마을 구름발치.
해조음 가른 뱃고동
꿈 찾아 길 나서면
보일 듯
어머니 모습
눈물에 젖어오네.

하늘 저 편
해 지는 산마을 끝자락.
산안개 내리면
가댁질하던 망나니
들릴 듯
어머니 목소리
가슴에 저려오네.

어머니 손

잡은 손
다시 쥐고
눈물 한 줌 내리시던 날

올리사랑
섭섭터라,
말씀 차마 못 하신다.

긴 숨을
몰아쉬더니
손목 풀어 주시네.

어머니의 삶

진자리 마른자리
해가는 줄 몰랐었다.

덤으로 받아드니 꺾인 삶이 모질거니
꽃봄은
다시 올 건가,
지는 해가 얄밉네.

이마적 삶 하나하나
별무리 된 그리움아,

가던 길 멈춰 서서 뒤적이고 있는 것이
그마저
삶이라 했나,
화석이 된 망부석.

어머니의 일생

바위에 얹힌 서리
바람에 날리더라,

비낄 줄도 몰랐어라,
탓할 줄도 몰랐어라,
정화수
빈 그릇 하나 하늘 보고 우니라.

목이 잠긴 자장가는
바람 속에 숨어들고

달려가던 고샅길은
어둑한 한 밤인데
불꽃은
일다 지는가, 좌표 잃은 자리였네.

어머니의 투병

끝 모를
여정 앞에
가로 놓인 망각의 늪

추임새
없는 장단
진양조로 풀어간다.

관객은
어딜 다 가고
나만 홀로 있는가.

엄마

엄마엄마
부탁해요,
나 그거 가질래요.
밭아버린 빈 젖자루
꽉 막힌 꼭지 건데
마중물
붓지않아도
당신 사랑 쏟아질 터.

엄마엄마
부탁해요,
내 늙어 그 훗날에도
당신 가신 그 길 따라
물어물어 갈 것인즉
그 길가
가로등 세워
발길 불러 주실래요.

울 엄니 시집살이

눈물 한 줄
한숨 한 줄
씨줄과 날줄로 엮어

곤룡포를 지으리까,
용문석을 엮으리까,

지나온
세월을 꼬아
조약돌을 건진다.

젖내음

청국장 구수한 맛
울 엄니 손맛인가.

한도 많은 시집살이
눈물로 거뒀거니

순하고 퀘퀘한 그 맛
한 살매 맛이라네.

정 담아 띄운 사랑
맛으로 거듭났다.

실바람 타고 오는
내 어머니 젖내음

고향 길 이랑이랑에
취한 듯이 젖은 정.

치매 · 1

가던 길 돌아 서서 날 세운 아픔을 보랴,
천륜도 무심터라,
모정도 무정터라,
불효자 허한 가슴에 어서 대못 박으소서.

금이더냐,
옥이더냐,
살만 발라 먹였는데
당신은 뉘신지요.
내 아들 닮았다, 묻네.
이 슬픔 천붕지괴라,
어머니의 두 얼굴.

토해내는 저 절규 어머니 울부짖음
피혈皮血로 맺은 인연
자르고 자르시네,
막짐도 버거우신데 미련마저 거두시나.

치매 · 2

정한 모습 지워지랴,
고운 마음 덧이나랴,

양손에
방패 들고
창과 칼에 맞서는데

무심결
돌려차더라,
무너지는 억장여.

치매 · 3

억장을
후벼 파는
애먼 소리 억지인데

힘겹게
이어가는
실 같은 인연줄

우두둑
자르는 심사
무슨 수로 당할까.

천국에 이르는 길 지호지간 아닌가요.
석얼음 징검다리
천륜도 버거운가요.
댑바람 몰고 간 자리 피멍들어 있었다.

함께 웃었다.

미수에
중풍으로
수족 놓은 내 어머니

백살까지
살고 싶다.
며느리 눈치 보니

그렇게
사셔야지요.
다른 답 더 있으랴,

제 2 부

금낭화

개나리

봄소풍 나오셨다.
갓길 총총
걸어왔다.

샛노란 립스틱에
꽃목걸이
너울 쓰고

아가야,
살바람 분다.
꽃바람으로 차갑다.

금낭화

고운 임
온다기에
상사정相思情 모두 모아

연등으로
꿰어달고
길 밝힌 마음인데

오다가
샛길로 빠진
그 심사를 어쩌랴.

나팔꽃

할 말이
있는 거야.
사연도 있을 거야.

억누를 수 없는 통한
묻어둘 수 없는 옹이

하 청청
세월을 접고
부는 그 뜻을
뉘 알까.

눈 속에 핀 장미

인연도 잘랐었다.
시류도 거부했다.

영화도 밀치었다.
환난도 자청했다.

사는 거
이게 아니냐,
그렇게 물었다.

달맞이 꽃

영화도 비낀 자리
후미진 돌담 사이
갸웃이 고개 내민 대갓집 안방마님

달빛도
저무는 이 밤
속적삼을 적시네.

바람도 넋이 나가
혼절하는 야삼경
고요보다 더한 침묵 달빛으로 녹아진 밤

두견이
제 설음인 양
대신 울어 새는가.

동백꽃

깊은 속 뉘 알까, 숲이랑에 보금 틀고
오롯이 정한 마음 갓 피어낸 부끄러움
볼연지
곱게 바르고
길마중 가자는가.

태바람 불었는가, 너의 삶이 애도로다.
언 가슴 녹일지라, 삭히는 삶인 걸.
별빛을
담아온 사랑
초롱초롱 빛나리.

설한도 야무지게 밀쳐낸 조요한 넋
산고를 움켜쥐고 태혈마저 토하는데
농울진
인동의 넋을
순결이라 하였다.

들꽃 비련

등 너머
산자락에
옛정 묻어 두었는데

묵향으로
번지는 정
임을 찾아 나섰는데

설한풍
시샘에 말려
들꽃 하나 졌더라.

들꽃 앞에 서면

부끄러워
얼굴이 붉네.
뉘 보는가, 돌아보았네.

내 잘못
용케 알고
가슴 '콕콕' 찔러 준 너

네 앞에
죄인이었다.
'킥킥' 대며 웃었다.

들꽃

묵정밭 갈 언덕에 머쓱한 들꽃 하나
목울음 삼켰니라. 눈물세상 견뎠니라.
간밤에
무수리 친 바람
무량으로 흐르니라.

메꿩밭 모둠자리 서리꽃이 피었더니
막살이 막장가슴 둘러메고 살았더니
역마살
묻어난 자리
시름마저 돋더라.

무텅에 버려진 몸 낭적한 삶이었다.
먹울음 토해내며 맵찬 세월 살았었다.
하늬쪽
바람이 묻어도
상풍고절 지켰었다.

목련

모로 누운
슬픈 인연
환생이라 하였는데

윗가지
아랫가지
백학의 깃 접어 두고

속내도
모르는 바람
치마폭을 잡더라.

무화과

남 몰래 키운 정이
버림받은 자리더냐,

그리움 사무쳐서 응혈진 자리더냐,

숫처녀 임을 모르고
사리가 된 자리란다.

뉘 삶을 탓하랴,
시위 떠난 화살인데

설마 했다 놓쳐버린 꽃무지개 펼친 자리

아닌 척 주저앉더니
속울음을 울더라.

물망초

인연을 뿌리친 손 잡으려 했었는가.
동토에 잎 지고 새움 돋는 꽃봄인데
버덩에
버려진 씨알
오작교를 거닌다.

허공을 잘랐는가,
인동초 인연인가,
억겁의 세월 속에 만남이 서럽더니
바람아,
너는 알겠지
문풍지 우는 뜻.

그리움 버렸거니, 미움마저 씻었거니,
멍울진 그 자리에 전설은 남았어라.
산까치
울며 나는 뜻
그 어찌 모르랴.

버들아씨

머리 풀고
울어 새는
갯마을 버들아씨.
꼬깃꼬깃 숨긴 순정
톡 털어 주었더니
왜바람
감아잡은 뜻
그 속셈 왜 몰랐나.

먼데서
부는 바람
행여 임 소식 올까,
첫정에 몸이 달아
실가지에 널었는데
물총새
저도 몸 달아
자맥질로 식히네.

부평초

흘러라 흐르거라,
네 정처가 있다더냐,
미련보다 겨운 짐이 어디에 또 있다더냐,

만공의
저 달이 간다.
구름 따라 흐른다.

빗속을 거니는가,
베적삼 적시는가,
눈물도 짐이 되나 울음 접고 가자는데

살같이
빠르다 했나,
정 둘 곳이 있더냐.

산딸기

여우비에
몸을 씻고
솔바람에 빗질하고

빠알간
수줍음이
마실 나온 숲 언저리

오늘도
혹여 나올까,
볼연지로 숨어 붉다.

설중매

일심으로 지킨 절개
맵찬 설한 이겼어라,
망울꽃 부푼 가슴 일렁이는 임의 사랑
볼연지
짙게 바르고
뉘 찾아 나섰나.

훈풍에 설렌 마음
순정의 불꽃 일고
천사도 흠모하는 천하제일 설부화용
살그래
옷고름 풀고
임 맞으려 하였네.

*설부화용 : 눈처럼 흰 살결과 꽃같이 예쁜 얼굴. 아름다운 여인.

어리연

눈물도 흘렸어라,
입술도 깨물었다,

돌아 선
마음이라
보낸다 잊어지나,

망각의
늪에서 울다
새로 핀 어리연아.

억새

된비알
오름길에
무르춤히 홀로 서서
하느적 또 하느적
몸 가누는 저 노파
갈 길이
아직도 먼데
쉬어가자 함인가.

오르다
지릅뜨니
지레목이 발길 잡고
오도가도 못 할 여정
오로가 묘연한데
바람은
두리번댄다,
갈 곳 몰라 하더라.

은행나무

하늬바람
시샘에도
의연한 몸짓인데

무서리
내리던 날
통울음 울더니만

삼동에
시린 발끝을
덮히려 하였더라.

자귀나무 연가

갈매고운 가지마다
봉황이 앉았는가,

봉무鳳舞가 겨웠거니
풍악風樂이 흥겨웁거니
다 두고
아니 볼 건가,
천상의 가무였다.

유월의 난간에서
임 그려 꽃 세웠다.

살랑이며 빗질한다,
천하일색 양귀비라,
연연이
두고 볼거나
녹빈홍안 자귀여.

할미꽃

세월을
고이 담아
피워 낸 꽃 한 송이

산등성 넘다 지쳐
고개 숙인
할미꽃

고단한
삶이었던가,
그리움 엎어 묻노니.

제 3 부

인도의 눈빛

갠지스강

삶을 실어 나르는가,
명운 태워 나르는가,

가고 오는 인생 여정 손금 보듯 알 것인즉
저 강물
나는 모른다,
울먹이고 있는가.

뜨는 해 지는 달도
제 뜻이 아닐 건데

뉘 뜻 따라 부는 건가, 거스르는 저 바람
그조차
나는 모른다,
묻지 마라 하는가.

갠지스강의 화장터

바람도 흐르더라, 저 강물 유장처럼
천지간 넓다는데 머물 곳 있다더냐,

촘촘히
떠나간 자리
달빛 홀로 지샌다.

홰치는 저 죽음 사는 것 지겹더냐,
물릴 수 없는 한 수 피할 수 없는 외길

강심에
띄운 한 숨 두고
갠지스 강물이 간다.

꾸마리 여신

신이 내린 순수의 땅
히말라야
그 밑자락
샛녘이 열리던 날 한 올의 눈빛인데
영욕의 분기점에서
삶을 가눠 가는가.

인간이 놓은 덫
용상인가,
죄업인가,
제 삶을 접어두고 님의 삶 아우리는데
비운의 꾸마리데비
살아 있는 신이여.

*꾸마리 여신: 네팔(힌두교)에서 섬기는 여신. 순결한 4,5세의 여아를 엄격한 과정을 거쳐 뽑아 통제된 삶을 살게 하며 살아 있는 신으로 추앙하다가 생리가 시작되면 쫓겨나 창녀 등 멸시와 거친 삶을 살게 된다는 비운의 여신. 현재는 결혼도 하고 예우도 받으며 일상적 삶을 산다함.

두만강 눈물이여

- 중국 토문에서

희어진 세월 끝에 아스라한 우리 만남
문빗장 어서 내려라, 악연도 인연인데
억장을
누르는 돌
천근보다 무거웠다.

토해낸 피눈물이 이보다 많았겠나,
띠앗머리 난 모른다, 그 무슨 인연인가.
이제와
우리 만남이
차홉다고 하느냐.

이 가슴 어서 쳐라, 네 가슴 할퀸 돌로
한恨세월 걷어차고 내 손 잡아 주렴아,
울어라,
실컷 울어라.
너 강물이 더 붉도록.

두만강 유감

기다림의 반백였다.
잃어버린 세월였다.

검게 탄 이 속내 정녕 모를 건데
모르고
아는 척하는
들대바람 얄밉다.

흰 것을 검다하고
검은 것 희다는데

보고도 못 본 척 듣고도 못 들은 척
알고도
모른 척하는
너 강물이 야속타.

두만강에 띄운 정

설면한 마음인데
회한도 없었겠나,
회포를 풀어놓고 강물에 씻었거니
감치는
치맛자락에 설레는 마음이 뜬다.

이 산하 그리워서
미움조차 버렸거니
강물은 모른다며 제 홍겨워 흐르는데
경계병
호각소리에 가슴 철렁 내려라.

빈 하늘 구름 점점
무심으로 흐르는데
그 마음이 부럽다며 먼 길 떠난 마음인데
나그네
여창에 기대 녹슨 탈을 벗긴다.

안나푸르나

- 네팔 사랑코트에서

신이 내린 천지 계단
순수의 땅이라 했지.
태초의 미소거니 흔적마저 사양했지.
백옥단 펼친 그 자리 뉘 발자국 있더냐.

푸른 꿈 하얀 마음
영혼으로 가꾸거니
아기는 도담도담 햇살 먹고 자랄 건가,
내 사랑 안나푸르나 그 품을 싸안는다.

손 내밀면 곧 닿을 듯
안기는 고요의 품
지척에 너를 두고 햇살 밟고 가는 길에
눈도장 힘지게 눌러 이름 석자 음각한다.

에펠탑

유요를 휘감더냐,
옷자락 날리더라,

업액을 밀친 자리
업고도 지운 자리

밤바다
참 빛이 되어
세상 밝힘 하는가.

영원한 불길
- 간디 묘 앞에서

해가 되고 달이 되어
횃불 들고 섰는 이
십삼억 시린 가슴 녹이고 어룬 이

인디아,
영욕의 이름
영혼으로 태운 불길.

우러러 보더이다,
고고한 그 인격을
따르고 흠모터라, 예지의 가르침을

망국의
설한풍이랴,
평화의 전령사여.

원가계

억겁의 시련이다.
고뇌의 흔적이다.
태고의 신비 담아 고요 속에 쌓은 궤적

그 세월
이고 선 자리
탄성의 물결일더라.

천하의 비경이다.
천상의 선경이다.
여기가 무릉도원 신선이 나 아닌가,

운해 속
천하 제일문
천상으로 가는 길.

인도

광활한 평야를 보자,
헐헐한 삶을 보자,
남 없는 복을 받고 가끔 없는 아픔이 있다.
뒤집고
또 뒤집으면
주신 복
어찌 세랴.

바람도 숨이 막혀
헐떡이는 초열지옥
인연의 모진 끈을 놓지 못해 잇고 있네.
척박한
삶의 자리에
궁벽한 저
면면들.

인도의 눈빛

미명의 거리에는 혼돈만 빚으면서
던져진 주사위 운명이라 이르는데
새벽은
어디쯤으로
열려오는 것인가.

애환에 씻긴 거리 온기마저 식었는데
빛바랜 바닥살이 정은 깊어 영 넘는데
뒤엉킨
삶의 밑자리
풀길 없는 저 매듭.

갠지스 강물이사 무심으로 흐르는데
점멸하는 저 불빛 뉘라서 거두려나,
모진 삶
뒤척이다가
바람 젖어 나부낀다.

인도 인력거꾼

구릿빛
잔주름에
골마다 배인 갈증

바퀴는
허기로 채워
신명을 다하는데

여명은
어디서 오나,
밤바다가
어둡다.

제 4 부

수석의 변

거문고

치고 뜯는
문무대현
괘상하청 유현이라,

육현에
장단 풀어
술대는 춤을 추고

도드리
자진모리에
기러기가 나는가.

날개여

내 몸에
날개 없어
산방에 칩거해도

내 맘에
날개 있어
천공을 누볐거니

이 산협
산계야목이
날 부럽다 하는가.

눈발은 날리는데

바람에
몸 맡기고
낭유하는 너를 본다.

세월강
흐르는 물에
내 마음을 던져 본다.

그나마
다 버리고 간
너를 어찌 잊으랴.

대보름

오곡밥
나눔 밥에
풍년을 기원하고

바스락
부럼 깨며
만수무강 빌었거니

휘영청
저 밝은 달은
내 어머니
넓은 가슴.

복권 한 장

마중물
한 바가지
내 목에 부었었다.

생수는
벽을 넘어
창해滄海가 될 것인즉

목 타던
펌프가 터져
뭉칫돈이 쏟아질 터.

부채

무상한 세월이랴,
무심한 인심이랴,

신명 다한
첫정인데
부족함이 있다더냐,

지나던
한 줄기 바람
여한 접고 가란다.

빛이외다

빛이오리까,
방황 터는 무지
벗어나는 빛이오리까.

온 누리
지혜의 빛.
가슴가슴 사랑의 빛.

촉루로
내리는 정수
온 고을 비추인다.

뻘게

갯벌이
천하라며
뻘게녀석 분주하다.

앞서거니
뒤서거니
삶을 풀어 놓은 자리

제 세상
맞은 걸음인데
허물이라 말할까.

산길을 내려오며

산정에
마음 두고
몸만이 내려 와서

지돌이
바위서리
가지 쳐 길을 내면

산꽃들
부르는 날
다시 보자 하였다.

살풀이

음표로
풀어내던
한恨의 세월 그 언저리
되물림의 비가悲歌 될까,
옹벽 앞에 마주섰다.
털어도
엉기는 정에
손끝 떨려 오더라.

비껴 올린
한줄기 빛
일월 저 편 누빌 적에
눈물 말린 죄업들이
제 갈길 갔음인가,
몰아친
무수리바람
궂은 땀이 배인다.

수석에게 배운다

갈고 닦았다.
참고 견디었다.

구르고
구르는 것
그것이 인품이다.

저보다
뭐가 낫더냐,
목소리만 큰 게지.

수석의 변

말 있고 입이 없어 응혈 쏟지 못함인가,
길고짧음 분별없어 함묵하고 사는 건가,
없는 말
잘도 만드는
인간사의 비창여.

속앓이 울컥울컥 다 풀면 뭐가 남나,
한치 앞 모르면서 -체체체 -척척척
누르고
다독이면서
그렇게 살아야지.

'말보다 행함이라' 가르침도 아니었다.
말 있어 치고받고 총 없는 전쟁터다.
인간사
끼어들기란
여간 아픈 일이다.

시골장 소묘

좌판 따라
골목마다
세상소리 넘쳐난 곳
훈훈한 인정만큼
우수도 담겼거니
빈주먹
쥐고 돌아도
안겨오는 인정여.

푸성귀
콩낱팥낱
큰 장터 가꾸거니
정을 던져 승부하는
촌 할메 솜씨 보게
'손주놈
오늘 돌인데
옷 한 벌 사 주려구.'

아침 이슬

잎마다
굴린 구슬
햇빛 고와 더 좋은데

버리고
사룬 정에
야속타 섧게 운다.

그 인연
아니라더냐,
체온마저 식었다.

여유

마당가
두엄자리
등 다숴 편한 자리

콩 여물
꿀맛여라,
새김질이 한가롭다.

누렁소
등 타고 노는
참새 한 마리 부럽다.

열림과 닫힘

열려 있다하여
열림이 아니듯

닫혀 있다하여
모두가 닫힘일까,

저 하늘
마음 한 자락
어떤 줄로 묶으랴.

일상

오늘도
무임승차
대책 없이 받은 하루

어제 아닌 오늘인데
어제 같은 오늘였다.

바람도
그 바람 아닌데
나만 여일하는가.

일출

흑암을
밀쳐낸
우직한 저 몸짓

생명의
수호신
찬란한 저 눈빛

새 하늘
새 땅을 연다.
꿈의 자리 펼친다.

잡석

제 몸 던져 구르는 돌
하나같이 옥석이다.
제 몸 깎아
세운 빗돌
고고한 빛줄기다.
제 멋에
허송한 세월
묻지 마라 하는가.

그 쓰임에 앉음앉음
격에 맞게 쓰였거니
제 분수
저 몰라서
기웃대는 꼴이거니
아무렴
이름자 하나
거저 지음 없더라.

카멜레온

변화만이
생존인 것
독선만은 죽음이다.

길 두고
메로 가랴,
적응만이 살길이다.

날 위해
나를 버렸다.
사는 것이 그 길이다.

활어회

대양에 품었던 꿈
요천에 던졌는가,
물너울 가르던 기氣 한 올에 감겼더니
만난을
거스르고서 식탁 위에 누웠는가.

끈끈한 옛 정 당겨
안골뒷골 누빌 적에
깻잎 한 장 속살 한 점 혀끝을 적시더니
곁들인
정담 한마디 회포로 밤을 샌다.

훈훈한 우정 담아
한잔 술 나눌 적에
지친 삶 뉘였어라 입을 다문 너의 묵언默言
살 접은
네 슬픈 노래 저 바다가 듣는다.

제5부

회한의 덫

고뇌의 창

잘라내고
도려내도
흔적으로 남은 아픔

여울져
일렁이는
봄언덕 아지랑이

빛무덤
햇살 고르다
문지방을 넘는다.

고목古木

청운도 품었었다.
항룡도 꿈꾸었다.
허공에 묵좌하여 만남 두고 애잦는데

그리도
삶이 그리워
만휘군상 부르고 있다.

잎 지고 날개 꺾여
못 다 한 삶이였다.
올곧은 기백으로 만산을 호령했다.

세월아,
다시 못 올 길
나만 가라 하느냐.

그리움

들창 열면
임의 모습
파랑새 날개를 편다.

밤비에
실어 보낸
그 마음 펼쳐본다.

속 아린
답장을 쓴다.
텅 빈 하늘 가득히

불면의 밤

미움보다
더 깊은 정
명치끝 아려울 때

구겨진
연서 한 장
불면의 밤은 깊었는데

달빛에
엉긴 눈물이
은하수로 타오를까.

새벽강

날밤을 짧다하며
그렸던 임의 모습

코끝이 찡하도록
달콤한 날였는데

저 강물
시려운 탓에
옷자락만 여민다.

세월아 · 1

빗겨섬도 모른다네.
물러섬도 모른다네.

멈춤 없는
그의 발길
뉘인들 막을 건가,

세월아,
네 가는 곳
그리움 두고 있더냐.

세월아 · 2

비우지 못한 심기心器
열꽃으로
솟았더니

이순이 언제였나,
나이와는
무관터라,

세월아,
네가 간다고
무화과가 맺더냐.

세월아 · 3

세월아, 너 가는 곳
어드메라
이르더냐,

홀로 가기 외롭다면
내 함께 가 줄거나,

너 어찌
날 버리고서
밤길 울어 가느냐.

세월아 · 4

발 없어 못 뛰어도
바퀴 없어 못 굴러도

동에 번쩍
서에 번쩍
신출귀몰 뉘 잡을까,

세월아,
너 가는 길엔
쉼터 하나 없더냐.

숙명의 끈

바람도 숨이 막혀
헉헉대는 거리인데

인연의 질긴 끈
놓지 못해
다시 잇고

모진 게
숙명이란 것
알면서도 지고 있다.

여정

댑바람
우음하는
보릿고개 높다하며

호요바람
적막강산
맥없이 넘었는가,

손사풍
탓하지 말고
갈마잡아 가는가.

인생 · 1

나이테
한 켜 한 켜
덧칠한 세월였다.

거친 숨
잔 숨결로
일렁인 옹이 몇 개

한 절인
인고의 삶이
점 하나 찍고 간다.

인생 · 2

못내 울기도하다.
더러 웃기도하다.

소리소리 지르더니
솟구쳐 오르더니

맴돌다
떠나가버린
어느 해의 바람 같다.

인생 · 3

땀 한 줄기
피 한 줄기
새끼 꼬아 늘인 나달

옳거니
그르거니
행적이야 있건 말건

물여울
다녀간 자리
몽돌 하나 구른다.

인생 · 4

부풀어 오르더니
이내 진 포말인가,

피었다 했더니만
금새 지는 꽃이던가,

울다가
웃다가 멈춘
이십오시 같은 것.

저녁강

설면한 달그림자
객창에 머뭇댄 밤
웃음 꺾인 가장자리 새움은 덧나 울고
엊저녁
억장을 열고
훌쩍이고 있었네.

허망한 생각마저
밀치지 못한 심사
빈손만 오며가며 옷깃은 헤져 울고
주루룩
눈물 한 줄기
허공 짚고 헤맨다.

조각달

가지 끝
어린 덧정
토실토실 여무는 밤

홀로 가는
저 조각달
갈대숲만 뒤지는데

강물도
그 마음 알아
수런대고 흐른다.

창문을 등에 지고

마른 목 축이려고
장대비를 맞습니다.
악몽에 시달리다 산고개를 넘습니다.
그 세월
뒤적이다가
밤샐 줄 모릅니다.

시절은 막힘 없이
골목길을 누비는데
산지니 날갯짓은 지칠 줄을 모르는데
허기진
물푸레나무
물길 찾아 헤맵니다.

회고의 뜰

어혈든
몸뚱어리
이마적 아픔 잊고
그 삭신 부여잡고 막고개 넘는 길손

땀방울
온몸에 젖어
등골 씻어 내린다.

넋 없이
먼 산 보면
등을 치던 동무야,
세월 저 편 새벽강 그 물소리 예 같은데

백발은
제 손목 끌며
어서가자, 하는가.

회고의 언덕

흙먼지
찍어 바른
세월 메고 달려온 길
내 삶에 옹이가 된 굳은 살 어찌 풀까,
어슬녘
회오리바람
몰아치는 자린가.

연자 맷돌
굴린 세월
무슨 의미 있으랴만
옹이마다 엉긴 애증 굵고 가늠 있으랴만
이 情恨
억장에 묻혀
울밑마다 배였다.

회억

영화는
시르죽은
별똥별로 내리는데

허기진
배고픔에
회억만을 마시는데

실타래
풀어놓고서
되감는 어리석음.

회한의 덫

잔설로
남은 미련
홀씨로 영嶺을 넘네.

섧다고
버렸던 정
회한의 덫이거니

세월도
모른다하니
맺힌 한恨 언제 풀까.

| 작품해설 |

마음의 풍경화 바라보기

[창문을 등에 지고]

- 류준식의 제4시조집

채 수 영 | 시인 · 문학비평가

| 작품해설 |

마음의 풍경화 바라보기
[창문을 등에 지고]
- 류준식의 제4시조집

채 수 영 | 시인 · 문학비평가

1. 시조의 성城에 이르기

민족마다 그 민족의 특성을 수용한 간판의 문학이 있다. 중국엔 호방과 과장誇張의 문학이 있다면 일본의 하이쿠는 도합 5.7.5라는 17자의 문학이 대표적이다. 한국은 3장 6구 45자의 시조가 있고 영.미--소네트 또한 14행의 짧은 시로 초창기 이탈리아인의 특성을 담았고 이후 영국의 세익스피어나 상징시인 보오들레르나 말라르메 등은 소네트를 지어 시의 정형의 중심이 되었다. 왜 그럴까? 일본은 일본의 환경--오로지 섬에 갇혀 사는 환경에 따라 그들의 문학 또한 간결함을 필요로 했고 직설적인 특성을 갖는다. 우리문학은 우리만의 환경과 풍토에서 독특한 문학 형태를 창조했음--시조 속에 민족의 애환과 정서가 투영되어 오늘에 이르렀다. 물론 시조의 처음은 지금과는 달리 가락위주였다는 특성이었지만 현대엔 의미위주의 자유시와 대칭적인 현상에서 현대시조의 고민이 담겨있다. 다시 말해서 현대시조는 과거와 달리 의미와 가락을 동시에 구비해야하는 정형성에서 시조만의 현대성을 특징화하는데 갈등을 겪고 있다는 점이다.

그러나 시조는 고려중엽으로부터 현대까지 우리의 애환과 정서를 내포內包하면서 장구한 시간을 지탱하는 이유는 시조만의 특성--우리의 성정性情에 가장 알맞은 형식이자 표현의 도구라는 점에서 시조는 미래를 담보하고 있다. 불고기나 갈비탕이 우리만의 음식이자 세계인들이 환호하는 음식이듯 우리의 정서 또한 언젠가는 독특한 시조의 입지에 빛나는 시기가 도래할 것이다. 여기엔 시조에 대한 이론과 창작에 남다른 책무를 지고 있다는 자각이 앞서야 할 것이다.특히 시조의 이론은 왜, 3음중심이고 3장 6구의 형식적인 특성이 담겨있는가를 구조적으로 따지는 이론에서는 거의 전무하다는 점에서 숙제가 될 뿐만 아니라 미래와의 연결고리가 형성된다.

류준식의 제 4시조집의 특성은 유연한 가락의 직조織造와 내용의 다양성을 운위云謂하게 된다. 그리고 과감

한 내용의 수용과 형태적인 변화는 현대시와 구분이 모호하면서도 시조만의 특성이 드러난 표현미이다. 그의 고민은 「허기진 시심詩心」을 검토함으로써 정신세계를 조감鳥瞰하게 된다.

허기진 사념이사
무성한 잡풀처럼
사악한 마음 따라 결태질 일삼더니

설익은
시심 두어 알
고개 내민 꼴인가.

한 줌 흙 될까 말까,
이 한 몸 어디 둘까
분별없는 바람 따라 숱한 날 방황터니

해설피
붓방아 찧는
무정 느린 시심이여.

-「허기진 시심詩心」

시인의 시적 태도에 성과 없음의 안타까움을 겸손의 태도로 쓰고 있다. 다시 말해서 '붓방아 찧는/무정 느린 시심이여' 에서 '느린' 과 '붓방아 찧는' 은 똑똑하고 명쾌한 명작을 제작하지 못하는 결말에 대한 후회와 자책의 마음이 결론으로 보인다. 그러나 어떤 뛰어난 시인이 라 해도 쓰는 작품마다 명작은 있을 수 없다는 결론에서 류준식의 고민은 누구나 갖는 현상이다. 어쩌다 시인이 된 한용운도 88편의 작품 모두가 명작이 아니고 10여 편이 뛰어난 작품--여타 작품은 함께 묻어가는 명성이 된다. 이런 현상은 거개의 모든 시인들의 작 품을 점검하면 이같은 결론으로 마무리된다. 오로지 많은 작품을 쓰다보면 그 중에 우수한 명성을 획득할 수 있을 뿐이다. 누구나 '숱한 날 방황터니' 의 경험은 있다. 때문에 방황은 오히려 시를 향하는 갈증이고 이 갈증이 뛰어난 작품을 잉태할 수 있는 빌미가 될 것이다. 요약하면 류준식의 시작詩作 태도는 겸손과 시에 대한 갈증이 오히려 시심詩心을 끌어들이는 에너지가 된다는 결론에 이른다.

이제 시에 나타난 정신의 갈래를 점검하는 길로 들어간다.

2. 정서의 표정

1)에너지 전달의 매개체--강

류준식의 시에는 강의 이미지가 번다煩多하게 출몰한다. 「모정」, 「회고의 뜰」, 「저녁 강」, 「조각달」, 「갠지스 강」, 「갠지스 강의 화장터」, 「두만강 눈물이여」, 「두만강」,「두만강 유감」,「두만강에 띄운 정」 등에 강물의 이미지가 출현하는 것은 시인이 정서를 이동하는 매개체의 기능을 암시한다. 즉, 모든 시인은 정서를 이동하는 수단을 가지고 시를 쓴다. 다시 말해서 향기, 강 혹은 나비, 바람, 구름 등의 시어는 시인의 정서를 이동하면서 시인의 시적 의도를 완성하는 역할을 한다. 이런 현상은 시인이 의도적이거나 아니면 무의식적인 현상일 수 있지만 시의 완성된 결말에서 시적 어휘의 빈도로 증명된다. 이를 의식의 이동방법이라 칭할 수 있기 때문에 시의 독특성에 이르게 된다.

설면한 달그림자
객창에 머뭇댄 밤
웃음 꺾인 가장자리 새움은 덧나 울고
엊저녁
억장을 열고
훌쩍이고 있었네.

허망한 생각마저
밑치지 못한 심사
빈손만 오며가며 옷깃은 헤져 울고
주루룩
눈물 한 줄기
허공 짚고 헤맨다.

-「저녁 강」

허무와 맞잡은 의식이 노을에 묻어 흐르는 서글픔이 묻어난다. 이는 강이라는 매개체를 통해 시인의 정서의 도달점을 서러움으로 채색하는 파스텔 톤의 풍경화이기 때문이다. '달그림자' 와 '밤' 그리고 '덧나 울고' 의 시어가 '억장을 열고/훌쩍이고 있었네' 의 의인적인 묘사 --' 훌쩍이고 있었네' 의 훌쩍임이 강의 흐름과 유관되는 의식으로 다가올 때, 무거운 마음일지라도 칙칙하지 않고 담담한 뉘앙스를 가져온다. 무거운 마음-- 서러움의 이유는 2연에서 /주루룩/눈물 한 줄기/허공 짚고 헤맨다 '에 이르러 눈물과 허공이 아픔에 신음하는 모습으로 투영되지만 이 또한 언어의 탄력에 의해 허공과 방황에 시인의 정서를 채색하는 역할을 수행한다.

저 강물
서러운 탓에
옷자락만 여민다.

-「새벽 강」에서

서러운 감수성과 시인의 의식이 결합하여 새벽 강물의 '옷자락만 만진다' 는 감각적인 표현은 류시인의 정서가 강과 밀착하여 시적 뉘앙스를 제작하고 있음을 의미한다.

물 즉, 강을 시의 매개체로 생각하는 사람은 대체로 겉으로 드러내는 외향적인 성품이 아니라 내향성으로 특성을 말할 수 있을 것이다. 물의 속성이 스미듯 다가들기 때문이다. 이런 현상을 「조각달」에서 다시 한 번 증명하게 된다.

가지 끝
어린 덧 정
토실토실 여무는 밤

홀로 가는
저 조각달
갈대숲만 뒤지는데

강물도
그 마음 알아
수런대고 흐른다.

-「조각달」

'토실토실' 과 밤이 만나면 무언가 가득찬 느낌을 준다. 이런 배경을 깔고 달은 '갈대숲만 뒤지는데' 의 감각성은 시인의 정서가 고조된 조각달과 어울려 종장에 클라이맥스를 이루게 된다. 왜냐하면 강물이 이미 시인의 마음을 꿰뚫고 '수런대고 흐른다' 의 모양을 나타내기 때문이다. 수런대는 강물과 갈대숲을 뒤지는 조각달의 어울림은 가편佳篇의 정서로 응축되는 결론에 이른다. 바람이나 향기는 보이지 않는 이동의 매개체라면 물이나 강물은 보이는 점에서 현상적이고 비유의 직접성을 암시하게 된다. 류준식의 비유는 이런 점에서 좀 더 리얼성을 시에 도입하는 특성이 있다.

2)어머니의 추억

모든 시인들은 어머니를 의식의 종착지--고향의식과 상통하는 마지막 의지처로 자리한다. 이는 모태의 자궁에서 느끼는 아늑함이 지배하는 이유일 뿐만 아니라 돌아가 귀의歸依하고 싶은 작용처로 인식되기 때문이다. 그리고 어머니는 땅으로써 지상의 모든 것을 받아들이고 수용하는 점에서 거부없는 안락함을 누리는 상상을 갖는다. 그러나 가장 적합한 말은 아마도 사랑이라는 종착점을 생각할 것이다. 어머니의 젖을 물면 허기를 채우는 일면 안도감을 갖는 일로 생명의 뜻이 담겨있는 인식이 커진다. 류준식도 그런 의식으로 어머니의 생각을 시화詩化하고 있는 것 같다. 치매로 고생한 어머니에 대한 그리움과 가시던 날의 모습을 가슴에 새기면서 삶의 의미를 반추하고 있기 때문이다.

곡기마저 자르시고
갓길로 빗긴 여정

시들은 꽃잎 지듯
넋만이 남은 자리

쏟은 정 깊이로 새겨
수직으로 내린다.

달빛마저 기우는
무정한 세월 저 편

문풍지 울다 지쳐
소로시 잠이 들고

눈물로 그려진 악보
불러보는 사모곡.

-「사모곡」

어머니의 정은 깊이가 없는 가없음이고 사랑의 뜻은 헤아릴 길 없는 무변無邊의 상징이기에 사모곡의 가락은 애절하고 눈시울을 울린다. 더구나 부재不在에서 오는 공허는 누구나 갖는 허망이기 때문에 더욱 절절함으로 가락을 만들게 된다. 이는 '눈물로 그려진 악보/불러보는 사모곡' 의 암시에 깊은 사연의 길이 열리고 있음을 감지한다. 그러나 '꽃잎 지듯' 이라는 슬픔이 다시 찾을 수없는 공허감에서 '정 깊이' 의 추억을 앞세우게 된다. 사랑은 아가페적인 헌신을 전제로 한다면 어머니의 사랑은 이성간의 사랑이란 말과는 다른 종교적인 상징과 유사하지만 종교는 한 가지 사랑에 머물지만 어머니의 사랑은 수시로 변화하는 인간의 표정에서도 가장 깊은 함축미를 갖는 사랑이다. 다시 말해서 종교의 사랑은 정해진 길로 가는 사랑이지만 어머니의 사랑은 온 세상의 모든 가치와 비견되는 무게를 갖고 있는 사랑이라는 뜻이다. 그렇기에 애절하게 불러보는 사모곡에는 눈물이라는 감격이 수반된다. 시집살이의 고통을 넘었고 정화수 떠놓은 그릇에 빈 하늘이 떠도는 구름과 마주하는 기도의 의미나 목이 잠기는 자장가의 가락에는 어느 누구도 이르지 못한 사랑의 깊이가 있기에 시인은 어머니의 향기를 그리워하고 있다.

하늘 저 편
해 지는 산마을 끝자락.
산안개 내리면
가댁질하던 망나니
들릴 듯
어머니 목소리
가슴에 저려오네.

-「어머니 그리워」 2연

가댁질--서로 피하고 잡고 하는 놀이에 몰입하던 아들을 감싸고 보살핀 어머니의 그리움은-- 부재 앞에 저려오는 그리움에의 바람이 된다. 그러나 '들릴 듯' 의 목소리는 환청이 되어 뇌리를 점령할 뿐 다시 돌아오지 못하는 메아리의 공허는 슬픔으로 잦아든다. 때문에 '가슴이 저려오는' 시련의 통증을 감내하는 시인의 모습이 숙연타. 더구나 투병--치매라는 암담한 명칭 앞에 아들조차 몰라보는 일은 구분없는 의식의 방황에서 절망보다 더 깊은 슬픔의 높은 키 아래 선다.

금이더냐,
옥이더냐,
살만 발라 먹였는데
당신은 뉘신지요.
내 아들 닮았다 묻네.
이 슬픔 천붕지괴라,
어머니의 두 얼굴

-「치매 · 1」 3연중 2연

금이나 옥처럼 귀한 가치로 여긴 아들 그리고 살만 발라 먹이던 그 깐깐한 정성의 어머니의 기억 그러나 의식이 혼동하는 와중-- 사물을 분간하는 끈을 놓고 살아가는 모습에서 천붕지통天崩之痛의 무너짐을 경험한다. 아들조차 모르고 '당신은 뉘신지요' 의 물음에서 하늘이 무너지는 통증은 차라리 비유가 부족함을 느끼는 시인이다.

3)꽃 그리고 여행

여행은 심신을 쇄락灑落하게 하고 일상의 만네리즘에서 새로운 자아로의 충전을 이룩하게 도움을 준다. 왜냐하면 일상은 같을 일의 되풀이일 뿐만 아니라 오늘을 내일과 비슷하게 묶어버리는 점에서 벗어나려는 일이 여행의 본질일 것이다. 더불어 여행에서는 이방성의 신비감을 맛보는 일이면서 삶의 충전을 가져오기에 떠나려는 마음이 발동한다. 류준식은 인도에서의 깊은 감명을 받았고--많은 시를 썼기 때문이다. 불란서, 중국 혹은 동남아나 네팔이나 우리 땅, 두만강에서 이념의 갈등을 체험하는 등 많은 양의 여행에의 시를 쓰고 있다. 자칫 실감의 결여 혹은 이질적인 공간에 공감을 확보하지 못하는 경우가 여행 시의 문제점이라면 류시인은 이런 우려를 사실성과 현장감을 가미하여 성과를 올렸다.

바람도 흐르더라, 저 강물 유장처럼
천지간 넓다는데 머물 곳 있다더냐,

촘촘히
떠나간 자리
달빛 홀로 지샌다.

홰치는 저 죽음 사는 것 지겹더냐,
물릴 수 없는 한 수 피 할 수 없는 외길

강심에
띄운 한 숨 두고
갠지스 강물이 간다.

-「갠지스 강의 화장터」

신성하다고 여기는 갠지스 강에 죽은 자의 영혼을 떠나보내는 화장터의 모습은 화면을 접한 사람에게는 흔히 보는 일이었다. 우리로서는 이해하기 불가능한 일이지만 그 강에서 목욕함으로써 정화된 인간으로 느끼는 의식에서 인도인의 깊은 신앙의 단면을 갠지스는 증언하고 있다. 종교는 신념이기 때문에 타인의 이해와는 무관하다. 불가능한 일에서 삶의 충전과 에너지를 확충하는 인도인의 사고와는 달리 허무를 흐르는 강에서 감지하고 있다. '강심에 /띄운 한 숨 두고' 갠지스 강물은 무심하게 흐르고만 있기 때문이다. 추앙받는 인도의 간디--불가촉천민不可觸賤民에의 편견을 가지고 있었지만 인도의 영웅으로 존경을 받는 간디의 묘 앞에서 설한풍의 시련 속에 '평화의 전령사' 로서의 감동을 느끼는데서 역사의 숨소리를 듣게 된다. 아울러 인력거꾼의 모습에서 '여명은/ 어디서 오나,/밤바다가/어둡다.' 에서 느꺼움을 토로하는 시인의 마음은 생에 대한 통증을 느끼고 있다.

꽃은 아름답다는 인식 때문에 고귀함을 갖는다. 더불어 높이로 지향하는 향기에서는 아름다움이 고상한 높이로 오르는 인식을 심는다. 물론 꽃은 비유라는 장치를 통해서 다가들 때 시선의 행복과 후각의 고상함이 어울린다. 시집 2장은 온통 꽃--21가지의 꽃이 등장한다. 이는 평소에 꽃에 대한 열정이 남다르기 때문이기에 의식의 층層을 뚫고 나오는 이름이 꽃으로 시가 된다. 그러나 류준식의 꽃은 주로 봄날의 꽃이 주류를 이루고 등장한다. 이는 봄이 시인의 의식과 연결고리를 갖는 애착일 것으로 생각된다. 왜냐하면 평소의 체험이 무의식無意識층에 쌓여있다 기회가 되면 솟구쳐 나오는 것과 같기 때문이다. 개나리, 금낭화, 설중매, 버들 아씨, 등이지만 들꽃의 애착은 아마도 시인의 정서와 밀접함을 갖는 것 같다. 「들꽃 비련」, 「들꽃 앞에 서면」, 「들꽃」에 대한 시가 3편이 되기 때문이다.

부끄러워
얼굴이 붉네.
뉘 보는가, 돌아 보았네.

내 잘못
용케 알고
가슴 '콕콕' 찔러 준 너

네 앞에
죄인이 되었다.
'킥킥' 대며 웃었다.

-「들꽃 앞에 서면」

모양이 화려한 꽃이 아니고 작고 이름 모를 들꽃이라는 이름에도 정치精緻하고 섬세한 기하학이 포진하고 있을 뿐만 아니라 아름다움을 나타내는 미학은 들어 있다. 작아서 보이지 않고 키 낮은 존재라 해도 들꽃에는 짙은 향이 베어 나오고 계절의 신호가 어김없이 나타난다. 시인은 들꽃에 부끄러움을 갖는 이유는 바로 지금까지 알고 있는 편견에 '콕콕' 으로 다가오는 자각과 깨우침에서 '너' 의 존재를 고귀함으로 바꾼다. '네' 앞에 '죄인' 이라는 의식은 곧 '먹울음 토해내며 맵찬 세월 살았었다'「들꽃」의 존재감에 새로운 깨우침을 주었기 때문이다.

꽃은 시련을 겪고서야 꽃을 피운다는 점에서 인생의 의미와 등가等價를 이루는 대상물이다. 화려한 봄날의 꽃은 냉혹한 겨울의 시련을 감내해야만 향기 짙은 꽃을 피울 수 있기 때문이다.

일심으로 지킨 절개
맵찬 설한 이겼어라,

망울꽃 부푼 가슴 일렁이는 임의 사랑
볼연지
짙게 바르고
뉘 찾아 나섰나

-「설중매」 1연

한마음으로 지킨 절재이기 때문에 임의 소식을 접하는 사랑을 획득하는 이치--인생의 절개라는 의미와 꽃의 절개라는 의미는 동가同價의 가치로 수용되면서 사랑의 고귀성에 이를 때, 향기 높은 이름으로 남는다. 설한雪寒의 매운 시련을 넘는다는 것은 일상에 인간이 갖는 교훈적인 뜻과 같다는 말이다. 이런 결말로 보면 꽃의 의미와 인간의 고귀함은 다른 비유가 아니라 동일성의 원리에 귀속된다. 각각의 인간에게도 인격의 향기가 있음을 이해하는 일은 어려운 비유가 아니기 때문이다.

4)삶의 언덕을 오르는 일 그리고 세월

누구나 살아가는 정답을 물으면 할 말이 없을 것이다. 사는 일이란 미지未知의 길을 가는 일이고 또 어디로 가든 길은 삶의 좌표가 되는 흔적을 남기면서 뒷사람의 지식으로 축적되어 인간 문화의 재산이 된다.

「시골장 소묘」에서는 범인凡人들의 체취에서 정을 느끼고, 「복권 한 장」에서는 삶의 유머를 찾고 싶고, 「수석에게 배운다」는 돌에서 인간의 품위를 배우는 일면, 「부채」에서는 전통의 호흡이 무엇을 의미하는가에 이르게 된다. 마치 타산지석他山之石에 이르면 세상 어떤 것도 나와 무관하지 않다는 결론에서 생명체에든 아닌 것을 막론하고 존재가 곧 의미로 설정된다.

갈고 닦았다.
참고 견디었다.

구르고
구르는 것
그것이 인품이다.

저보다
뭐가 낫더냐,
목소리만 큰게지.

-「수석에게 배운다」

인간이 살아가는 일은 인종忍從과 수련 혹은 고통의 늪을 지나서 비로소 자기를 알게 된다. 때문에 소크라테스는 '너 자신을 알라' 는 무지無知에의 지知라는 비유로 그의 사상을 설파했다. 많은 지식의 축적보다 오히려 자신이 무엇이고 또 어떤 존재인가를 아는 일이야 말로 우선하는 지혜가 된다. 다시 말해서 백과사전적인 인간이 아니라 정감이 있는 인간으로 존재가 가치있다는 뜻이다. '구르고 /구르는 것/그것이 인품이다' 라는 단정적인 어사에서 세월의 부대낌 속에서 수석이라는 유용한 존재로 탄생 된 것 처럼 인간도 구르고 구르는 시련 속에서 비로소 인품人品을 갖춘, 지혜로운 인간이 될 것이라는 설법이다.

좌판 따라
골목마다
세상소리 넘쳐난 곳
훈훈한 인정만큼
우수도 담겼거니
빈주먹
쥐고 돌아도
안겨오는 인정여.

푸성귀
콩낱 팥낱
큰 장터 가꾸거니
정을 던져 승부하는
촌 할매 솜씨 보게
'손주놈
오늘 돌인데
옷 한 벌 사 주려구.'

-「시골장 소묘〉

장터는 인정을 타는 곳이리라. 냉혹한 정가표의 거래

보다도 더욱 가깝게 덤이 오가고 값을 깎아도 훙정이 되는 일이면 사람의 냄새가 나고 정이 흐르는 곳이다. '골목마다' 좌판의 형형 색색의 물건들이 마치 팔려가기를 호소하는 모양으로 사람을 기다리는 정경은 우리가 잊고 살았던 휴머니즘의 공간이라는 뜻이다. '빈주먹/쥐고 돌아도/ 안겨오는 인정여' 를 실감하는 일이면 시골장터는 따스한 인간의 체취가 거래되는 공간이다. 무심히 바라보는 대상이 어느새 친근함으로 다가오는 경험이 있을 것이다. 그리고 작은 돌도 기우는 물건을 곧추 세울 수 있는 것처럼 모든 지상의 존재는 필요 앞에 있다.

제 몸 던져 구르는 돌
하나같이 옥석이다.
제 몸 깎아
세운 빗돌
고고한 빛줄기다.
제 멋에
허송한 세월
묻지 마라 하는가.

-「잡석」 1연

세상의 모든 물건은 소용이 있다. 생명이든 무생명체이든 어느 지점에서는 모두 필요를 가지고 태어났다.

「잡석」에서조차 이런 철학을 발굴하는 류시인의 사고에는 물활적인 정서가 숨쉬고 있다. 시인은 통찰의 눈으로 바라보면 모든 물상에 생명을 부여하는 존재--이로 하여 창조라는 말을 헌사獻詞한다. 쓰임새가 각기 있거니와 스스로의 존재에 가치를 아는 일이야 말로 자기를 아는 것과 같은 이치일 것이다. 인간은 살아가는 존재--비껴갈 수없는 길이 세월이라는 시간의 층계이다. 누구도 예외를 두지 않는 세월에 맞서는 인간은 두 가지의 유형이 있다. 세월에 도전하는 투사형과 순종하는 두 가지의 모습은 삶의 양태가 된다. 전자에서는 피흘리는 전사의 기개氣槪가 보이고 후자에서는 안분지족의 시간을 갖기를 원한다. 아마도 시인은 후자에서 스스로를 맞추고 있는 것 같다.

세월아, 너 가는 곳
어드메라
이르더냐

홀로 가기 외롭다면
내 함께 가 줄거나,

너 어찌
날 버리고서
밤길 울어 가느냐.

-「세월아 · 3」

연작 시조 「세월아 · 1~4」와 「인생 · 1~4」는 유사한 정서가 보인다. 어떻든 세월이나 인생에 대한 태도는 수동적인 모습이 우선하고 세월의 중심으로 진입하려는 것 보다 오히려 방관자의 자세일 때 '외롭다' 거나 '밤길 울어 가느냐' 의 원망적인 태도가 드러날 수 있다. 이는 인간사를 숙명이라는 이유 「숙명의 끈」으로 해석하는데서 나오는 자세로 보면 될 것 같다. '모진 게/숙명이란 것/ 알면서도 지고 있다' 로 생각하는 정서가 시심詩心의 모두인 것으로 인식되는-- 숙명이란 능동적이기 보다 수동적인 삶을 살아가는 사람에게서 나오는 단어이기 때문이다.

3.에필로그

시는 사람이 되고, 사람은 시를 씀으로써 다시 성숙한 사람으로 태어난다. 시의 가치는 여기서 고귀성을 획득할 수 있어 영원의 시간 앞에 나아갈 수 있다면, 오로지 사람만이 시를 알고 시를 쓰는 혹은 감상하는 시와 사람은 유일의 관계가 될 때, 시의 소리에 울림을 낳을 수 있다면 류시인은 보다 선량한 시심으로 전통적인 정서 앞에 숙연한 표정을 연출한다. 어머니에의 그리움은 인간미에 원천으로 돌아가는 길을 묻는 일이면서 류준식 시인의 시적 고향이 된다. 이런 기저基底 위에서 꽃에 대한 시심은 정적靜的이고 화려한 내면의 미美를 승화하려는 발상으로 접근하다. 인생에 대한 깊은 통찰은 스스로를 돌아봄으로써 자각의 길을 찾으려는 발심發心으로 성실을 주문한다면, 여행은 이런 정서를 깨우치기 위한 몫으로 류준식의 시조에 자리하고 있다.*